Grote ballen

Grote ballen

Jasmin Hajro

Jasmin Hajro

© 2019 Jasmin Hajro

Alle rechten voorbehouden

Isbn : 978-0-244-82752-6

Omslagontwerp door

Jasmin Hajro

Eerste druk 2019

In dit korte boekje ontdek je :

De bio van auteur Jasmin Hajro

&

boek Grote ballen

&

boek het Recept voor Geluk
&

Een previeuw van boek Bouw Jouw Fortuin

&

Een kleine kennismaking met oprichting Hajro

&

Bonus boek
om 100.000,- euro mee te verdienen

&
nog een bonus boek

De bio van auteur Jasmin Hajro, even kennis maken

Hallo beste lezer,

hoe gaat het ?

Bedankt voor kopen van boekje Recept voor Geluk.

Mijn naam is Jasmin Hajro, ik ben geboren op 6 juli 1985 in
Bosnie.
Als vluchtelingen kwamen we naar Nederland, 21 jaar geleden.

Na school te hebben doorlopen & verscheidene banen...

Heb ik op 17 december 2012, mijn eerste onderneming
opgericht: beleggingsbedrijf Jasko.
Na een succesvol eerste jaar, heb ik helaas de onderneming
moeten sluiten.
Na een korte periode van rust, ww en tijdelijk werk. Begon ik
weer als ondernemer.

Op 1 september 2015, heb ik onderneming Hajro opgericht. Sinds het begin is de kernactiviteit, het verkopen van setjes wenskaarten, deur tot deur.

Tegenwoordig is het assortiment uitgebreid.

Met o.a. de verkoop van mijn 10 boeken.

De royalties van mijn boeken worden gedoneerd aan het Goede Doel : stichting Giveth Life.

Mijn onderneming heet tegenwoordig Hajro Groep,

en bestaat uit 20 verschillende dochterondernemingen,

die onderdeel zijn van 1 overkoepelende organisatie.

Voor meer informatie over mijn onderneming & de stichting, ga naar www.hajrobv.nl

Hallo beste lezer,

hoe gaat het met jou ?

Ik wil wel een boek schrijven over jou

en voor jou....

Maar hoe schrijf ik een boek over iemand die ik niet ken en
voor iemand die ik niet ken ?

Maar misschien ken ik je wel een beetje....

Net als ik weet jij ook wel hoe het is om blij te zijn,

net als ik weet jij ook hoe het is om chagrijnig te zijn.

We weten allebei hoe het is om teleurgesteld te zijn,

we weten allebei..

Jij en ik

weten hoe het is als iemand uit je familie overlijdt.

We weten hoe het is als je verliefd bent,

we weten ook hoe het is om ergens spijt van te hebben.

En ik en jij weten ook hoe het is om de griep te hebben.

Ik ben al iets van 5 dagen verkouden,

en heb de griep.

Of is dat hetzelfde ?

Ik kan me niet herinneren wanneer ik voor het laatst
zo griepig ben geweest.
In de afgelopen 10 jaar niet
in ieder geval.

Er komt me wat slijm uit mijn neus en keel...
Nou nou.

Eerst dacht ik
fuck it.
Ik ga gewoon joggen en daarna werken.
Heb ik ook gedaan,
op dinsdag januari.
Heb niks verkocht die avond.
Helaas.
Maar dat maakt niks uit dacht ik.
Ik liet het leven zien,
dat ik me door niks liet tegenhouden.

Dag erna
ben ik toch maar thuis gebleven.
Maar ik heb niet zitten niksen....

Ik wou toch wat gedaan krijgen...

Gewoon iets beginnen en afmaken.
Ik heb toen maar nieuwe verjaardags wenskaarten besteld,
die ik vroeger een keer had ontworpen.
Komen volgende week aan …
En ik ben er erg blij mee
Want nou hebben we unieke verjaardagskaarten.

Zo zien ze eruit.

Goudkleurig
net als onze website & luxe logo en
net als mijn boeken uit de Victorious serie.

Ik heb ook maar een eigen krant gemaakt.

Het is mijn eerste

en maar 4 pagina's lang,

maar ik heb er tenminste een.

Ik heb ook een bewakingscamera

van Interpolis ontvangen die ik had besteld

en ik heb er nog een besteld.

Om het huis te beveiligen.

Meer daarover kun je lezen

in mijn boek Beveiligen & beschermen van jouw zaken,

bedrijf & huis.

Ik was niet echt van plan om een boek te schrijven..

Maar ik ben toch maar begonnen...

Het zal me goed doen

om een boekje te schrijven

al is het een korte..

Nou

je krijgt er wel 2 andere boeken bij, dus maak je niet

druk over het aantal pagina's.

Die dag erna heb ik wel weer hewerkt
en drie cadeaubekers verkocht en 2 pennen.

Eigenlijk zou ik de laatste week van december en
de eerste week van januari vrij zijn.
Maar ik heb toch een aantal dagen gewerkt
in die 2 "vrije weken"

En nou in mijn 'zieke week' ben ik toch weer aan het werk.

We hebben een goed 2018 gehad.
Ik heb meer wenskaarten, cadeaubekers en boeken verkocht
in 2018, dan in het jaar daarvoor.

We hadden ook weer een kerstboom in huis,
want we zijn kerstvierende moslims.

Omdat het gezellig en leuk is.

Lekker samen met de mensen die er altijd voor je zijn,
lekker eten en cadeautjes geven &
ontvangen.

Het mag wel vaker per jaar kerst zijn van mij.

Ik heb ook mijn vader gebelt,
ik stuur hem wel iedere maand een kaart
maar ik zou hem wel vaker willen zien.
Wanneer ben ik daar voor het laatst op bezoek geweest ?

Hoe lang zou ie nog te leven hebben ?
Misschien nog 20 jaar …
als we geluk hebben...
Dan zou ie 78 worden.
Mooie leeftijd..
Maar het kan ook veel eerder afgelopen zijn.

Weet je dat ik een keer 1000 mokken en
1000 pennen en 1000 aanstekers had besteld
met mijn logo erop ?
Zonder dat ik het kon betalen....
En bijna failliet ging...

Dat was pittig en stressvol

Maar dankzij wat teruggaves van de Belastingdienst
heb ik mijn onderneming gered.

Moedig ?

Of dom ?

Grote ballen...

Waarom bestel ik dan 2500 flyers, 1000 pennen
en 5000 wenskaarten en 10duizend kranten,
terwijl ik het geld nog moet verdienen ???

Ben je gestoord ofzo....

Dat is toch moedig
?

Of erg dom
?

Grote ballen....
dat dan weer wel.

Nou het zit zo :

Tjah.. hoe zit het ook alweer ?

Oh ja...

Ik kreeg er dus een beetje geneg van misschien.

En ik had gelezen in de Sticking point solution

van Jay Abraham,

dat wanneer het minder gaat :

je meer moet investeren in sales & marketing.

Ik dacht toen...

Dat is de oplossing man

Wanneer het minder gaat...

investeer meer in sales & marketing

En wanneer het goed gaat...

investeer meer in sales & marketing.

In beide gevallen.

Altijd.

Want door sales & marketing

komt er geld binnen.

Dus dat was een reden.

Een andere reden was,

dat ik al een tijdje heel graag

mijn eigen unieke wenskaartjes wou hebben.

En hallelujah...

We hebben Unieke wenkaarten

voor verjaardagen

die je alleen bij Oprichting Hajro kan kopen

en als je besteld

dan krijg je de postzegels

er ook bij.

Vet goede deal toch.

Plus dat je mensen aan het werk houdt en

40 Goede Doelen steunt.

Wat de flyer betreft

een nieuwe flyer was gewoon nodig,

omdat we een nieuwe website hebben

en de het oude webadres nog op de oude flyer stond.

Wat de krant betreft,
die staat ook gewoon op de planning,
ik wou al een eigen krant
toen ik mijn eerste onderneming heb gestart
in 2012.

Nou als ik de sets Unieke verjaardagskaarten en
de pennen heb verkocht
en ook de mokken die we nog hebben staan
is dat zo'n 8000,- euro omzet.

Wordt alles ruimschoots mee betaald
en blijft er geld over.

Dus....

Dom & moedig

Grote ballen.

Ik denk

nou wat ik tegen mijn notaris zei

in een email :

Dat door die coma te overleven en

die nacht op straat.

Mijn ballen groter zijn geworden.

Vandaar Grote Ballen

Dus waar moet dit boek eigenlijk over gaan ?

Over jou ?

Over mij ?

Over mijn ballen ?

Vind je het boeiend als het over mij gaat ?

Wat ik zei,

dat ik je toch wel een beetje ken,

als mens.

Zoiets zei Jim Rohn ook.

Ik raad je zijn boeken en audio's en seminars

dan ook aan.

Ik wil je wel helpen

serieus.

Als je wat gelukkiger wilt zijn

en wat gezonder wil leven

met minder stress,

dan heb ik daar de oplossing voor.

Je krijgt namelijk boek

Recept voor Geluk

als cadeautje.

Als je je financien wil verbeteren,

met een gepatenteerd financieel systeem,

voor een goed pensioen

of om een fortuin mee op te bouwen

op een simpele manier,

koop dan een exemplaar

van mijn boek Bouw jouw Fortuin.

Als je ieder dag wil kunnen verdienen...
leer dan verkopen.
Je kan altijd naast je huidige werk
parttime aan je fortuin werken
als verkoper
in het weekend bijvoorbeeld.
En Jim Rohn zegt ook zoiets in
zijn seminar The magic of parttime
(Die je wel gaat beluisteren op Youtube natuurlijk)
En koop ook een exemplaar van mijn boek
Altijd werk & altijd geld op zak, iedere dag.

Nou als je verkoper ben of ondernemer
en je wil meer sales en winst.
Koop dan een exemplaar van mijn boek
de Ultieme Winnende Strategie
voor ondernemers.
En boek

De pen die je 100.000,- euro oplevert

Al je graag auteur wil worden

een professionele schrijver

koop dan

Tieten, hoe schrijf ik een boek ?

Of mijn Word een schrijver gids I

& II

Zelfs als je een bank hebt,

dan heb ik een oplossing voor meer winst.

Koop boek

de Reddingsboei voor banken "loyal bankieren"

En als je een betere adviseur wil worden...

koop dan mijn boek

De kunst van goed advies geven.

Zie je...

Ik heb zoveel geschreven

om mensen vooruit te helpen

in hun persoonlijke

en professionele

leven.

Oh ja er is trouwens nog 1 reden :

Ik ga 100.000,- euro verdienen

in de aankomende tijd.

Dus, dan kan ik maar beter

Meer investeren in

sales & marketing.

Oh en maak je niet druk over het rijmen
van boek Bouw jouw Fortuin
en mijn huidige verdiensten.

Ik werkte toen als kok
en verdiende goed.
En ik heb me erg verdiept in financien.
Met cursussen, boeken
en zelf sparen en beleggen.
En ik heb ook ervaring met beleggen
voor klanten
met mijn eerste onderneming.

En nu zit ik in het 4de jaar van mijn
2de onderneming
(die trouwens 20 dochterondernemingen heeft
en samen werkt met een
goede stichting)

En ik heb zoals Grant Cardone zegt :

the financial haircut

which means

that in the first years

of starting your own business

you will eran less

than you did

on your job.

En mijn financiele systeem werkt.

(anders zou ik het je ook niet verkopen)

Dus mochten sommige mensen daarmee zitten...

Dan weet je nu hoe het zit.

En in mijn boek

de Kunst van goed advies geven

zet ik ook wat dingen recht.

Dus no worries.

Natuurlijk ook wat Shit

Ik heb natuurlijk ook wat shit
of gezeik over me heen gekregen.

Ik hoorde dat iemand had gezegd dat ik mensen liep
op te lichten met de verkoop van mijn wenskaarten.

Dat is natuurlijk een Leugen
een dikke vette leugen
gewoon bullshit.

De (mensen) kopers
kregen altijd netjes een product
voor hun geld.
Dus een set van 5 wenskaarten en
5 enveloppen.

En iemand had me een brichtje gestuurd
via het berichtFormuliertje
van onze oude website
Dat het geldaftroggelarij was

Ook bullshit.

Misschien kwam het omdat ik zei
dat het was om daklozen te helpen
en van de straat te houden.

Nou ik hield ook 1 persoon aan het werk en
van de straat,
mijzelf.

Dat was na die nacht op straat.

Met die verdiensten heb
ik ook stichting Giveth Life opgericht.

En kort daarna ben ik namens Oprichting Hajro

wenskaarten gaan verkopen.

Ik had wel wat meer voor de daklozen kunnen doen.
Maar tegenwoordig doneren we
aan stichting straatmensen.

Die zich voor dat soort mensen inzet.

Zie je...
Ik maak dingen wel goed
en zet dingen recht.

Daarna was er nog iets
wat iemand zei,
maar ik weet niet meer wat was.

Maar nadat we wat bankafschriften
hadden gepubliceerd op onze nieuwtjes blog
en iedereen kon zien dat we maandelijks doneren
aan Goede Doelen

konden ze geen Shit meer praten.

En het laatste wa dat iemand zei
dat het een piramidepel was .

Dat is het idiootste wat ik ooit heb gehoord.

Van wie ?

Alsof de Goede Doelen
een meeting hadden,
van we moeten iedere maand meer donaties ontvangen,
laten we daar een onderneming
en een Bosnier voor
inschakelen.

Vette bullshit.

Het klinkt toch gewoon absurd.

En dan moet ik die bullshit (onzin)
hier debunken

oftewel ontkrachten.

Maar ja
dat hoort bij het spel.

Joe Girard zegt:
when you succeed big
you're gonna be hated.

Dus er staat me
nog wel wat Shit
en haat te wachten.

En ik wil niet zeggen met dit boekje Grote Ballen
dat je zomaar dingen moet gaan betsellen
die je niet kan betalen.

Dus 1000 mokken voor 1000,- euro
die je niet kan betalen.

Maar wel dat je moedig moet zijn
en Grote Ballen
of grote eierstokken moet tonen.

En als je weet dat je 1000 mokken kan verkopen,
voor 5,- euro per mok.
Dan moet je die krengen bestellen
voor 1000,- euro
die je niet kan betalen.
Niet nu,
maar wel straks,
nadat je de mokken hebt verkocht en

5000,- euro hebt verdient.

Blijf vooral moedig strijden
voor wat je wil.

Met grote ballen
of
grote eierstokken.

Zoals Les Brown zegt :

the world needs you and your dream

Bedankt.

Groetjes,
Jasmin

boek Het Recept voor Geluk

Er is een boek geschreven over een waar gebeurd verhaal...
Een man die in een concentratiekamp zat ten tijde van Hitler,
en gelukkig was.

Dus,
geluk heeft Niks te aken met jouw omstandigheden.

Het heeft alles te maken met,
jouw keuze om gelukkig te zijn,
ongeacht omstandigheden.

Kies ervoor om gelukkig te zijn.

Natuurlijk zijn er mindere periodes in het leven,
zoals wanneer iemand waar je van houdt,
overlijdt.
Dat hoort bij het leven.
En periodes van verdriet met je gewoon verwerken.

Verwerken doe je het beste door erover te praten,
je hart te luchten, regelmatig.

Door erover te schrijven,

als je een situatie of je gevoelens erover opschrijft,
dan staat het op papier,
en zit het minder in je hoofd.
Schrijven is een goede uitlaatlep.

Verwerken doe je ook goed door :
bezig te blijven.
Of dat nou in je werk of je hobby is.
Ze zeggen : een rollende steen vergaart geen mos.

Dus blijf bezig....

Oke, een goede les geleerd om negatieve ervaringen
beter te verwerken.

Maar je bent hier voor het Recept voor Geluk, toch ?

Nou, de les hiervoor helpt je om het Recept beter voor je te laten werken.

Hier komt ie dan...

Je leest vast wel 's een lokaal krantje,
en je kijkt vast regelmatig naar het journaal

(het dagelijkse nieuws op tv)

Is je al opgevallen dat het voor 99% Slecht nieuws is ?
Alleen maar ellende..
Als je niet beter wist,
zou je denken dat de hele wereld aan het vergaan is.

Als het voor jou een gewoonte is,
om dagelijks een half uurtje naar het journaal te kijken...

Heb je er wel's bij stil gestaan of dat wel gezond is ?
Word je er gelukkig van ?

Natuurlijk Niet !

Het makkelijkste verander je een gewoonte
door het te vervangen met een nieuwe gewoonte.

Dus vanaf vandaag ga jij
in plaats van dagelijks een half uurtje
naar de wereldellende op het journaal te kijken...........

Een half uurtje per dag naar COMEDY kijken.

Verplicht.

Iedere dag.

Nou is half 8 in de avond geen nieuwstijd,
maar Comedy tijd.

Als je naar comedy kijkt,
ontspan je &

lach je.

Klinkt al gezonder, vind je niet ?

Nou, iedere dag lachen is makkelijk te doen, toch ?

En je oude slechte gewoonte vervangen,
met een leuke, gezonde nieuwe gewoonte,
is ook makkelijker dan je had gedacht.

Behalve dat ontspanning goed voor je is,
maakt wanneer je lacht,
jouw lichaam endorfines aan.

Dat zijn natuurlijke geluksstofjes.

Nou, je hebt na 21 dagen,
een nieuwe gewoonte gevormd.

Dus kijk iedere dag Comedy.

Je kan veel standup comedy op Youtube, gratis kijken.

Simpel ?

Zeker, maar je moet het wel even doen,

iedere dag,

totdat je er niet meer over na hoeft te denken,

en je het automatisch gaat doen.

Even wat Geluksingredienten op een rij :

– Kijk iedere dag comedy, minimaal een uur

– Eet ijs, trakteer iemand op een ijsje

– Ga sporten, lekker van je afslaan met tennis of lekker
hardlopen

– Pis in de tuin
(en als je een boete krijgt voor wildplassen, dan lach je je
helemaal stuk)

– Maak je geen zorgen, het leven is te kort daarvoor
(door bezig te blijven, heb je geen tijd om je zorgen te maken)

–	Knuffel mensen waar je van houdt

–	Ga gezellig een kopje koffie drinken

–	Neem een kat of een ander huisdier

–	Als je geld ontvangt, spaar gelijk een deel ervan

–	Laat je niet bang maken door de media,
de wereld wordt niet slechter, de wereld wordt steeds beter.

–	Sex, need I say more
(als je sex hebt maak je ook endorfines = geluksstofjes aan)

Misschien is het Recept anders dan je had verwacht,

maar daar gaat het niet om,

het gaat erom dat het werkt &

jou helpt gelukkiger te leven.

Doe het,

het is makkelijker

dan zuur te kijken.

Als je dit een goed boek vindt,
wil je dan zo vriendelijk zijn

om het aan te raden
bij mensen die jij kent.

Zodat ook zij ermee vooruit worden geholpen.

Dank je.

het Betaal jezelf eerst principe

Het betaal jezelf eerst principe.

Het betekent dat wanneer je jouw geld ontvangt,
je eerst jezelf betaalt door bijvoorbeeld een tiende opzij te
zetten.

Om het resultaat hiervan te verduidelijken,
maken we een voorbeeld berekening.

Je verdient bijvoorbeeld 3000,- euro per maand.
En je betaalt jezelf eerst,
oftewel : je zet een tiende (10%) van je inkomen opzij.
Dus 300,- euro per maand.

Het jaar heeft 12 maanden,
dus na 1 jaar heb je (12 x 300) = 3600,- euro.
Na 1 jaar heb je een heel maand salaris opzij gezet.

Als je iedere maand een tiende opzij zet,
hoeveel heb je dan na 10 jaar ?

(3600 x 10) = 36000,- euro.
Dus na 10 jaar heb je 36000,- euro
oftewel een heel jaar salaris opzij gezet.

Verderop in dit boek : Bouw jouw Fortuin,
ziet u hoe u dat bedrag dat u maandelijks opzij zet.
Harder kunt laten groeien.

Previeuw Bouw Jouw Fortuin

<u>10 % van alles</u>

Het is belangrijk dat wanneer je eerst jezelf betaalt,
door 10 % opzij te zetten.
Dat je 10 % van alles opzij zet.

Natuurlijk 10 % van je inkomen.

Maar ook 10 % van de fooi als je die krijgt,
ook 10 % van je toeslagen,
ook 10 % van je cadeaugeld,
ook 10 % van je 13de maand,
ook 10 % van je bonus,
ook 10 % van je loonsverhoging,
ook 10 % van je belasting teruggaaf,
ook 10 % van je welkomstpremie.

Vanuit welke hoek of van wie dan ook je geld ontvangt,
het eerste wat je doet is jezelf eerst betalen.
Door een tiende ervan opzij te zetten.

Einde previeuw

Voor meer informatie over dit boek , ga naar onze verbeterde
website : www.hajrobv.nl

Previeuw boek Moneymaker

Moneymaker 3.

de bijbel voor ondernemers, geschreven door een ondernemer.
Dus jouw dagelijkse kost.

Nee, het gaat niet over GOD.

Er staat, geschreven door een ondernemer.....

JIJ LEEST ALLEEN MAAR BOEKEN DIE GESCHREVEN
ZIJN DOOR MENSEN DIE EEN EIGEN BEDRIJF HEBBEN
!!
Begrijp je dat ?

Zo voorkom je dat je geest voedt met BULLSHIT.
En dat je BULLSHIT gaat modelleren.
Dus bespaar je jezelf tijd en geld.

Ok, dan even over die Ondernemersbijbel.
Het heet No Excuses, the Power of self discipline En is
geschreven door Brian Tracy

En ja die heeft een eigen bedrijf. Anders stond zijn naam hier
Niet.

Het komt toch op zelf discipline neer.
En zelf discipline maakt dat jij je heel erg Goed voelt over
jezelf.

Als je gaat sporten bijvoorbeeld, terwijl de meeste mensen tv
aan het kijken zijn.
Als je op zaterdag werkt, terwijl de meeste mensen weekend
houden.
Als je op zondag een stap zet richting het bereiken van je
doelen.

Bovenstaande 3 voorbeelden, vereisen zelf discipline van jou.

Maar over 1, 3, 5 jaar waar sta jij dan ?

En waar de meeste mensen ?

Wel's een dag gewerkt met pijn omdat je tanden afgebroken
waren ?
Wel's gewerkt met 2 uurtjes slaap, de nacht ervoor ?
Wel's gewerkt zonder te hebben geslapen, de nacht ervoor ?

Het was vast makkelijker om toen, tv te gaan kijken.....

Maar dan zou ik nou voor jou een Bullshitter zijn,
en niet iemand die je respecteert.

Oh jah, koop de ondernemersbijbel. NU.

Previeuw boek Moneymaker

Moneymaker 2.

Twee dingen waar je dagelijks je tijd aan MOET besteden

Welke 2 zijn dat ?

Tv kijken en op Facebook zitten ?

Zonder BULLSHIT, dus :

SALES & DIRECT MARKETING

Als je iets verkoopt (sales), dan komt er winst binnen.

Als je goed wordt in (direct marketing), dan komt er winst binnen.

Met marketing bespaar je jezelf tijd tijdens het verkopen.
Je hoeft tijdens je presentatie niet uit te leggen wie je bent en wat je onderneming doet.

Hoeveel uur per werkdag besteed Jij aan sales ?

Hoeveel uur per werkdag besteed Jij aan Direct Marketing ?

WAT GEBEURT ER ALS JE ALLEEN MAAR JE TIJD BESTEEDT AAN SALES & DIRECT MARKETING ??

Heb je dan meer winst en dus meer geld ?

Einde previeuw

Voor meer info over dit boek van mij, ga naar www.hajrobv.nl

Kleine introductie met oprichting Hajro

Hajro zet zich in voor de mensen in provincie Gelderland,
door mensen aan het werk te houden,
door te doneren aan Goede Doelen,
en door jou te helpen om rijker te leven.

Tegenwoordig is Hajro
een dochteronderneming van Hajro Groep.

De Hajro Groep bestaat uit 20 verschillende ondernemingen,
die allemaal deel uit maken
van 1 overkoepelende organisatie.

We hebben nou verschillende producten & diensten,
en we steunen meer dan 40 Goede Doelen.

Bezoek ons op www.hajrobv.nl

en ontdek wat we nog meer voor jou kunnen betekenen.

Hopelijk word je een lovende klant van ons.

Ik wens je in ieder geval

veel voorspoed & geluk.

Met vriendelijke groeten,

Jasmin Hajro

Hajro
Ottawastraat 19
7007 BC
  Doetinchem,
the Netherlands
KvK : 65686306

www.hajrobv.nl
amazon.com/author/jasminhajro

Boek
De pen die je 100.000,- euro oplevert

In dit korte boekje ontdek je :

De bio van auteur Jasmin Hajro

&

de "magische" pen die je
100.000,- euro oplevert

Voor mijn zusje Emina,
die me leerde verkopen.

De bio van auteur Jasmin Hajro, even kennis maken

Hallo beste lezer,

hoe gaat het ?

Bedankt voor kopen van boekje Recept voor Geluk.

Mijn naam is Jasmin Hajro, ik ben geboren op 6 juli 1985 in
Bosnie.
Als vluchtelingen kwamen we naar Nederland, 21 jaar geleden.

Na school te hebben doorlopen & verscheidene banen...
Heb ik op 17 december 2012, mijn eerste onderneming

opgericht: beleggingsbedrijf Jasko.
Na een succesvol eerste jaar, heb ik helaas de onderneming
moeten sluiten.
Na een korte periode van rust, ww en tijdelijk werk. Begon ik
weer als ondernemer.

Op 1 september 2015, heb ik onderneming Hajro opgericht.
Sinds het begin is de kernactiviteit, het verkopen van setjes
wenskaarten, deur tot deur.
Tegenwoordig is het assortiment uitgebreid.

Met de verkoop van mijn boeken, waaronder :

Moneymaker & Bouw jouw fortuin.

De royalties van mijn boeken worden gedoneerd
aan het Goede Doel : stichting Giveth Life.

Mijn onderneming heet tegenwoordig Hajro Groep,

en bestaat uit 20 verschillende dochterondernemingen,

die onderdeel zijn van 1 overkoepelende organisatie.

Voor meer informatie over mijn onderneming &
de stichting, ga naar www.hajrobv.nl

Hallo beste,

hoe gaat het ermee ?

Bedankt voor het kopen van dit boekje,

waarmee je doneert aan 40 Goede Doelen.

Hoe dat werkt ,

kun je allemaal vinden op www.hajrobv.nl

Ik heb het ook beschreven en bewezen
in mijn boek Victorie III

Wat is dit voor boek,
en wat is die magische pen,
die zoveel geld moet opleveren ???

Goede vraag.

Dit boek geeft daar antwoord op,
en biedt een oplossing.

Basis training verkoop (sales)

I Intro : SEE principe

Staat voor

Smile

Eyecontact

Enthusiasm

Mensen houden van lachende mensen,

dus als je aanbelt bij een potentiele klant en die doet open,

laat je je mooiste glimlach zien.

Om vertrouwen op te bouwen,

maak je veel oogcontact.

En enthousiasme : je praat met passie

Je werk is je liefde

Ijsbreker (om het gesprek vloeiend te laten verlopen)

→ hotspots (interesses)

→ gebruik je zintuigen bij het ijsbreken

Zien, horen, ruiken, voelen

Zien : Wat een leuk hondje/ katje (huisdier), hoe oud is ie ?

Ruiken : Wat ruikt het lekker uit de keuken, wat maakt u ?

→ Bodylanguage / lichaamstaal

Als de potentiele klant positief reageert,

ga je dichter bij hem staan. Of je buigt een beetje voorover

naar de persoon toe.

→ Sheepfactor (mensen zijn kuddedieren)

Het is geruststellend voor mensen, als de buren meedoen.

Mensen willen niet de eerste zijn om ergens aan mee te doen.

II Short story

In het kort vertellen wat je komt doen
Kort & krachtig vertellen,
mensen houden niet van langdradigheid.

Sheepfactor gebruiken in de shortstory.

Je vertelt de short story om interesse op te wekken
bij de potentiele klant

III Presentatie

KISS

staat voor

Keep

it

short

&

simple

Hou het kort & krachtig

→ Relaten : praten over van alles behalve werk

vriendjes worden met de klant

Hoe beter je de eerste 3 stappen doet,
hoe beter het closen gaat.

IV Close

De close is wanneer je de potentiele klant
vraagt om bij je te kopen.

Wees aannemelijk en gebruik je bodylanguage

V Rehash

Kort samenvatten :

vertellen wat er gaat gebeuren, kort samengevat

Dat de klant weet wat er gaat gebeuren,

dat ze zonder vragen zitten.

Klant met goed gevoel achterlaten,

om cancels (annuleringen) te voorkomen

Dit zijn in het kort de 5 steps van de verkoop.

Ongeacht het product of dienst die je verkoopt....

In feite

verkoop je jezelf !

Selling yourself

→ omdat voor jou al 10 of 100 andere verkopers

zijn langs geweest.

→ je eigen uniek maken
zodat je leuk bent voor de mensen

Je hele presentatie kan dan zo zijn :

Goedemiddag,
sorry voor het storen,
ik hou het kort.

Mijn naam is ＿＿＿＿＿＿＿＿

van ＿＿＿＿＿＿＿＿

Wij zetten ons eigen in voor de mensen in onze provincie.

Dat doen we door mensen aan het werk te houden &

door Goede Doelen te steunen.

Hoe we dat verder doen

de buren uit uw wijk nemen bij ons een of twee pennen af

De pen is gloednieuw, van goede kwaliteit &

er staat een leuke boodschap op.

Eentje is eenmalig een eurotje

Ik kan ondertussen ook wisselen.

Vriendelijk bedankt.

Tot ziens

Nou,

op je pen kunnen je laten bedrukken wat jij wil.

"Lach vandaag" bijvoorbeeld

Omdat je het netjes gaat doen,

geef je de mensen ook een visitekaartje

waar je naam & website opstaan.

Op 1 dag hoor je 100 mensen te spreken.

En tegen die 100 mensen

vertel je je verkooppresentatie.

Je loopt dan 3 rondjes,

want sommige mensen zijn pas aan het eind van de middag
thuis,

en sommige pas 's avonds.

Je blijft natuurlijk aardig tegen iedereen

(ook al zijn ze dat niet voor jou)

Als iemand onaardig is tegen je,

dan heeft dat vaak weinig te maken met jou

als persoon.

Iemand kan net voordat jij kwam

ontslagen zijn waar ie 10 jaar heeft gewerkt.

Of zijn moeder kan vanochtend zijn overleden.

Dus blijf je aardig tegen iedereen.

Je weet natuurlijk dat je pennen kan laten bedrukken.
Bijvoorbeeld bij Vistaprint of ergens anders.

Je kan er 10 laten bedrukken,
of 10.000

Je weet nou hoe je pen moet gaan verkopen.

Dus als je er 1000 laat bedrukken,

kost het je ongeveer 300,- euro

inclusief btw en verzending.

Als je ze verkoopt voor 1 eurotje per stuk...

Heb je nadat je alle duizend stuks hebt verkocht,

1000,- euro

minus je kosten van 300,-

hou je 700,- euro over.

Nou laat je er weer 1000 stuks bedrukken,

kost je 300,- euro.

Hou je nog 400,- euro over.

Verkoop je je 2de partij van duizend stuks.

Heb je 1000,- euro plus

de 400,- die je nog over had.

In totaal 1400,- euro

Dit proces kun je zovaak herhalen als je wilt.

Je kan dan een grotere partij laten bedrukken

voor een betere prijs.

Bijvoorbeeld 5000 pennen voor 25 cent per stuk.

Dan betaal je 250,- euro voor 1000 pennen

scheelt je 5 keer 50,- euro

Als je 5000 pennen verkoopt heb je 5000,- euro

minus (5 x 250,- =) 1250,-

Hou je nog 3750,- euro over

Je kan dan 10000 stuks laten bedrukken

voor 20 cent per pen.

Kost je 2000,- euro in totaal

Als je alle 10duizend pennen verkoopt

hou je na kosten :

8000,- euro over

En ja

ik heb ook pennen lopen verkopen.

Had er 17 verkocht in Doetinchem

en nog 4 setjes wenskaarten in Didam.

Op 1 dag.

Dus als je 10duizend pennen laat bedrukken

kost het je 2000,- euro

Als je ze allemaal verkoopt,

heb je 10000,- euro verdient

minus je kosten :

Hou je 8000,- euro over.

Met ongeveer het simpelste werk ter wereld.

Genoeg lichaamsbeweging en frisse lucht

goed voor je gezondheid.

Je ontmoet steeds andere mensen,

dus je gaat je ook niet vervelen.

Plus je kan maandag,

dinsdag,

woensdag,

donderdag,

vrijdag,

zaterdag

en

zondag

je pennen gaan verkopen.

Iedere dag.

Dus als je 10duizend pennen laat bedrukken

kost het je 2000,- euro

Als je ze allemaal verkoopt,

heb je 10000,- euro verdient

minus je kosten :

Hou je 8000,- euro over.

Als je dit 13 keer herhaalt.

Dus 10.000 pennen laten bedrukken

voor 2000,- euro

Ze alle 10duizend verkopen.

Je houdt 8000,- euro over

En je herhaalt dit 13 keer.

Dan heb je 13000 duizend pennen laten bedrukken,

je hebt 130.000 pennen verkocht

Je hebt 130.000,- duizend euro verdient

Je hebt (13 x 2000,- =) 26000,- euro aan kosten

130.000,- aan verdiensten minus 26.000,- aan kosten :

Hou je in totaal 104.000,- Euro over

Je hebt 1 ton verdient

plus 4000.

Als je 130 duizend pennen in 1 jaar verkoopt
verdien je 104.000,- euro

Als jer 2jaar over doet
(om 130.000 stuks te verkopen)
verdien je 52.000,- euro per jaar

Als je er 3 jaar over doet
verdien je 36.666,- euro per jaar

Als je er 4 jaar over doet,
verdien je 26.000,- euro per jaar

Als je er 5 jaar over doet,
verdien je 20.800,- euro per jaar

Als je er 6 jaar over doet,
verdien je 17.333,- euro per jaar

Als je er 7 jaar over doet,
verdien je toch 14.857,- euro per jaar

Tegen die tijd ben je ook Goed geworden in verkopen.

Daarna herhaal je het proces en verdien je 1 ton
in veel minder tijd, want je hebt veel geoefend.

Zorg dat je verkooptraining krijgt,
lees boeken over verkopen &
luister naar audioboeken over verkopen.

Zorg dat je namens een goede onderneming verkoopt.

Als je zegt dat je Goede Doelen steunt,
zorg dan ook dat dat op je bankafschriften te zien is.

Of begin je eigen bedrijf.

Bedenk dat miljarden mensen schrijven,

en daar gebruiken ze

een PEN voor.

Oh ja,
voor je heel Nederland bent afgelopen
met je pennenverkoop.
Ben je na je pensioen
nog steeds bezig.

Dus behalve dat je 1 ton gaat verdienen,
heb je ook werk tot aan je dood.

Bedankt voor het kopen en lezen van dit boek.

Ik hoop dat het je vooruit helpt in je leven.

Succes.

Hierna volgt een hoofdstuk voor werkgevers & ondernemers.

Daarna krijg je een cadeautje..

Wil je meer naamsbekendheid voor je onderneming ?
Wat fieldmarketing,
die je niks kost,

maar winst en naamsbekendheid oplevert.

Pas het voorgaande toe in je business.

Geef iemand werk,
laat die persoon pennen voor je verkopen,
met jouw logo of website erop bedrukt.

Betaal die persoon salaris en
hou zelf ook winst over.

Je houdt dan iemand aan het werk,
voldoet je onkosten,
houdt winst over &
krijgt meer naamsbekendheid.

Je flyer gooien ze in de papierbak,
maar niet je pen.

jouw Krant

———————

Hallo beste, hoe gaat het ?

Heb je ook genoeg ellende gehoord en gelezen ?

Er zijn 860 duizend bedrijven in Nederland
die mensen werk geven &
het UWV en de gemeente zorgen ervoor
dat niemand op straat hoeft te staan.

Ook worden er miljoenen aan sportclubs
en Goede Doelen gedoneerd,
door de Nederlandse bevolking.

———————

Hajro zet zich in voor de mensen in Gelderland,
door mensen werk te geven en ze aan het werk te houden,
door te doneren aan 40 Goede Doelen,
en door mensen te helpen om rijker te leven

Hallo,

hoe gaat het met jou ?

Misschien ken je Hajro al.... Hajro zet zich in voor de mensen in onze provincie Gelderland, door mensen werk te geven en ze aan het werk te houden, door te doneren aan meer dan 40 Goede Doelen, en door mensen te helpen om rijker te leven. Voor een betere regio, waar jij woont en misschien ook werkt.

Maar we hebben inmiddels een nieuwe website gemaakt. Dat is www.hajrobv.nl En het is onze verantwoordelijkheid om aan de mensen die we hebben bezocht, te laten weten dat we er nog zijn.

We hebben ook een aantal bankafschriften gepubliceerd op de Nieuwtjes blog van onze website. Daarop kun je met je eigen ogen zien, dat we iedere maand doneren aan sportclubs en Goede Doelen in onze regio.

Momenteel werken we met 4 vrijwilligers, en worden onze bancaire transacties gedaan door de goede stichting Giveth Life. Daarover vind je ook alles op onze nieuwe website.

Als je je inschrijft voor onze SpaarEmail (een soort gratis nieuwsbrief) dan krijg je 1 emailtje aan het einde van de maand, die je eraan herinnert om even wat geld opzij te zetten. Aan het einde van de maand heb je je geld ontvangen, en het eerst wat je doet, is een gedeelte sparen. De spaarEmail zorgt ervoor dat je het niet vergeet te doen. (We hopen zo een nieuwsbrief te hebben gemaakt, waar je werkelijk wat aan hebt. Je houdt erdoor altijd geld over)

Plus, je krijgt 5 gratis Eboeken, er zit vast wel een leuke voor je bij. En als je iemand kent, die van lezen houdt, kun je 't Eboek heel makkelijk dooremailen & cadeau doen.

Maak je er nog iemand blij mee.

(En als je genoeg krijgt van de SpaarEmail schrijf je je gewoon uit)

Hajro zet zich in voor de mensen in onze provincie

Gelderland, door mensen aan het werk te houden, door te doneren aan 40 Goede Doelen, en door mensen te helpen om rijker te leven. _____

Onze adviseur Jasmin, heeft al 19 boeken geschreven, die in 190 landen te koop staan wereldwijd, jij vindt ze ook in onze E-winkel op www.hajrobv.nl

In onze E-winkel hebben we ook een kalender voor volgend jaar, een fotoboek en album in de aanbieding.

We willen je het volgende graag vertellen :

Een van de doelstellingen van Hajro is iets terug doen voor Nederland. Omdat de opRichter van Hajro (roepnaam Jasko) een immigrant is & goed ontvangen is in Nederland door Nederlanders.

Doordat zijn boek Bouw jouw Fortuin (wat ieder huishouden hoort te hebben) gratis beschikbaar is voor iedereen in Nederland. Om een fortuin mee op te bouwen of een goed pensioen. Heeft Hajro dit doel Bereikt !

Om mensen aan het werk te houden, te doneren aan 40 Goede Doelen en mensen te helpen om rijker te leven, gaan we bij mensen langs de deuren en vragen of ze eenmalig een setje wenskaarten, een cadeaubeker of een pen willen afnemen. We komen maar 1 keertje per jaar langs.

Als je niet wil wachten & gewoon een keertje wil meehelpen, mag je ook iets bestellen in onze E-winkel, je kan ieder product ook bij iemand laten bezorgen, zie pagina Een cadeautje sturen.

We zien je graag op www.hajrobv.nl Groetjes, Jasmin, Mara, Jana, Dennis & Beamy de mascotte

Mocht er onderhoud zijn of storing aan onze website, we

zijn altijd vindbaar.
Bezoek ons dan op www.hajro.shop

Beste opdrachtgever,
Mijn naam is Peter van Haperen.
Doodat ik al 36 jaar in de bouw werk heb ik zeer veel
ervaring opgedaan, in bouw en renovatie werkzaamheden.
Goede communicatie met de klant vind ik erg belangrijk.
Wanneer het einddoel is bereikt moeten U en ik tevreden
zijn over de gemaakte afspraken,opdrachten en resultaat.
Wanneer ik Uw wensen weet kan ik een duidelijke offerte
neerleggen zodat U later niet voor verassingen komt te
staan. Een goedkope offerte wil niet zeggen dat het een
complete offerte is,bij renovatie werkzaam heden kunnen
er wel onvoorziene onkosten onstaan is mijn ervaring. Dit
kan ik vooraf of tijdens de werkzaam heden met U
bespreken. Bent U nieuwsgierig wat ik voor U kan
betekenen dan kom ik graag bij U langs voor een
vrijblijvende offerte. Heeft U nog vragen aarzel niet en
neem gewoon contact met mij op.
pmjvhaperen@hotmail.com   06-29507214

Help mee om mensen aan het werk te houden,
40 Goede Doelen te steunen &
mensen rijker te laten leven.

Kies wat leuks uit voor jezelf
of als cadeau voor iemand die je kent.
En bestel makkelijk in 1 stapje.
(Unieke set wenskaarten)

Hey, de mensen die je kent zijn ieder jaar jarig.

Stuur je ze een leuk kaartje om ze te feliciteren ?
Het is altijd leuk om een kaartje te krijgen...
Unieke set van 5 verschillende wenskaarten
voor verjaardagen.
Inclusief enveloppen en postzegels.
Eenmalig E 8,95

Bestellen :
Maak het aankoopbedrag over naar
NL09 SNSB 0705 9732 71 t.n.v. Stichting Giveth Life
& zet in de "Omschrijving"
het adres waar het artikel bezorgd moet worden.
In 1 stapje klaar.

Super bedankt.

OP=OP

Meer boeken van Jasmin Hajro :

Bouw jouw Fortuin
Moneymaker
Recept voor Geluk
de Reddingsboei voor banken"loyaal bankieren"
de Ultieme Winnende Strategie voor ondernemers
Gedichten, grapjes en boek
Victorie
Victorie II
Altijd werk & altijd geld op zak, iedere dag
Dingen die je Niet wil weten
Oprichting Hajro, het conglomeraat
Voor jou
Moeilijke tijden overwinnen
Double your profits
jouw Eigen Bedrijf starten & succesvol maken, in de keiharde
realiteit waar 't niemand interesseert
Victorie III
Coole jongen
Te persoonlijk, handgeschreven
Te persoonlijk, handgeschreven II
Beveiligen & beschermen van jouw zaken & jouw bedrijf
De kunst van goed advies geven

bundel Het grootse, beste & meest spectaculaire boek ter
wereld
bundel Verdubbel je winst & je banksaldo in 4 maandjes

Je vindt me ook op mijn Auteur website :
www.jasminhajro.nl

Ik zie je daar..
Groeten,
Jasmin

De Ultieme Winnende Strategie
voor ondernemers

De Ultieme Winnende Strategie
voor ondernemers

Jasmin Hajro

Jasmin Hajro

© 2018 Jasmin Hajro

ISBN : 978-0-244-07657-3

Omslagontwerp door

Jasmin Hajro

Tweede druk 2018

In dit korte maar krachtige boek ontdek je :

De bio van auteur Jasmin Hajro

&

De Ultieme Winnende Strategie voor ondernemers

&

Bonus : 4 previeuws

&

Bonus boek

<u>De bio van auteur Jasmin Hajro, even kennis maken</u>

Hallo beste lezer,

hoe gaat het ?

Bedankt voor kopen van boekje De Ultieme Winnende
Strategie voor ondernemers.

Mijn naam is Jasmin Hajro, ik ben geboren op 6 juli 1985 in
Bosnie.
Als vluchtelingen kwamen we naar Nederland, 21 jaar geleden.

Na school te hebben doorlopen & verscheidene banen...

Heb ik op 17 december 2012, mijn eerste onderneming
opgericht: beleggingsbedrijf Jasko.
Na een succesvol eerste jaar, heb ik helaas de onderneming
moeten sluiten.
Na een korte periode van rust, ww en tijdelijk werk. Begon ik
weer als ondernemer.

Op 1 september 2015, heb ik onderneming Hajro opgericht.
Sinds het begin is de kernactiviteit, het verkopen van setjes
wenskaarten, deur tot deur.
Tegenwoordig is het assortiment uitgebreid.

Met o.a. de verkoop van mijn 4 boeken :

Bouw jouw fortuin,

Moneymaker,

Recept voor Geluk,

de Reddingsboei voor banken : "loyaal bankieren"

De royalties van mijn boeken worden gedoneerd
aan het Goede Doel : stichting Giveth Life.

Mijn onderneming is tegenwoordig Hajro Groep,
en bestaat uit 20 verschillende dochterondernemingen,
die onderdeel zijn van 1 overkoepelende organisatie.

Voor meer informatie over mijn onderneming &
de stichting, ga naar www.hajrobv.nl

" Trouwens, ik ben mijn eerste bedrijf begonnen in 2012.

Ik heb meer dan 700 sales gemaakt, sinds 1 september 2015 tot nu toe.

Dus ik heb een trackrecord, en weet waar ik over praat. "

" Zoals je vast al begrepen hebt,
verdien ik mijn geld door te verkopen voor mijn eigen bedrijf.
Dat is mijn werk.

De opbrengst van mijn boeken gaat naar het Goede Doel.

Ik schrijf uit ervaring,
ik schrijf om mensen vooruit te helpen. ".

De Ultieme Winnende Strategie voor ondernemers

Hoe meten we succes in zaken ?

Met monetaire puntjes, met verdiende euros.

Wat is succesvol ondernemen ?

Succesvol ondernemen =

veel verkopen

We zijn dus succesvol aan het ondernemen,

als we veel verkopen.

Dus succes in ondernemen = veel verkopen

(veel verkopen realiseren / veel sales closen)

Want sales (verkoop) levert winst op.

Wat is nou de Ultieme Winnende Strategie ?

Eerst beginnen we met het concept,
daarna krijg je 2 voorbeelden uit de praktijk.

Heb je wel's opgemerkt dat supermarkten 7 dagen per week
open zijn ?

Supermarkten zijn misschien een minder goed voorbeeld,
omdat we nou eenmaal moeten eten en drinken.

Ben je wel's bij de Esso benzinepop geweest ?

De Esso benzinepop heeft een winkeltje met personeel,
en is 24 uur per dag, 7 dagen per week geopend.

En nee, ook al lijkt het dat we benzine nodig hebben,
de Esso had ook een zelfbedieningspop kunnen worden,
waar je zelf tankt en met pin afrekent.

Maar de Esso heeft een winkeltje met een winkelbediende.

Wat doen de supermarkten iedere dag ?

Ze maken sales, en winst
Iedere dag.

Wat doet de Esso iedere dag en nacht ?

De Esso maakt sales dag en nacht,
iedere dag.
Dus maakt de Esso winst,
iedere dag en nacht

De supermarkten en de Esso zijn succesvol
omdat ze iedere dag verkopen realiseren
en dus iedere dag winst maken.

<u>De Ultieme Winnende Strategie voor ondernemers</u>
<u>is</u>
<u>iedere dag winst maken.</u>

Iedere dag van het jaar winst maken.

Dat doe je door iedere dag te verkopen,
en dagelijks sales te closen.

Jouw voorsprong op je concurrentie

Als je iedere dag verkoopt & iedere dag winst maakt,
heb je dan een voorsprong op ondernemingen
die alleen maar 5 dagen per week winst maken ??

<u>Praktijkvoorbeeld 1</u>

Ik heb van maandag 18 september 2017 tot en met
woensdag 27 september 2017,
10 dagen achter elkaar lopen verkopen,
en 22 sales in totaal gemaakt.

Dus iedere dag sales gemaakt & iedere dag winst gemaakt.

Dat is de Ultieme Winnende Strategie voor ondernemers in
actie.
(in de praktijk van ondernemen)

Nou als we eerlijk zijn,
dan weten we wel dat de transactiewaarde
van sets wenskaarten bescheiden is.
En dus ook de winst per sale.

Maar verkijk je niet op die cijfers...
Je krijgt straks een praktijkvoorbeeld van iemand die 1 miljoen
maakte.

Het gaat erom dat jij het succesvolle Concept
van de Ultieme Winnende Strategie voor ondernemers begrijpt
en dat je ziet bewezen dat het werkt.

Dat concept begrijp je nou,
je hebt enkele voorbeelden van ondernemingen gezien
die de Ultieme Winnende Strategie toepassen.
Je hebt een praktijvoorbeeld gezien
van mij.

En je weet dus 100% zeker dat de Ultieme Winnende Strategie
werkt.

Mensen hebben wenskaarten niet nodig
zoals eten en drinken,
maar ze kochten iedere dag
en ik maakte iedere dag winst.

Dus het maakt niet uit wat voor product of dienst jij verkoopt.

De Ultieme Winnende Strategie werkt ook voor jou.

<u>Stap verder</u>

Jij begrijpt nou de Ultieme Winnende Strategie voor
ondernemers,
je weet dat het werkt.

Dus nou ga je het doen.

Je gaat het implementeren.

Ik vraag je niet om 7 dagen per week te werken,
al zou je het wel een keer moeten doen.

Jij kan verkopen van maandag tot en met vrijdag &
iemand in dienst nemen die verkoopt voor jou
van zaterdag tot en met maandag (een parttimer)

<u>En dan heb je al iedere dag sales & iedere dag winst.</u>

Als ik het alleen kan,
dan kan jij het zeker met 2 personen !

Zijn er nog meer manieren waarop je iedere dag sales
kunt maken & iedere dag winst ?

Bedenk en vind 20 manieren,
waarmee je iedere dag sales maakt
en dus iedere dag winst maakt.

Schrijf ze op

1 Een verkoper aannemen
2 Een team van verkopers creeren
3
4
5
6
7
8
9
10
11
12
13
14
15
16
17
18
19
20

Praktijkvoorbeeld 2

Ga naar www.youtube.nl en bekijk het filmpje van Walter
Bergeron,
GKIC marketer of the year.

Het fimpje duurt ongeveer een half uurtje.

Let goed op als ie zegt : that means also on saturdays and
sundays.

(dat ie 7 dagen per week aan het verkopen was en
iedere dag winst maakte)

Zie je wat de Ultieme Winnende Stratgie voor ondernemers,
voor jou kan doen ?

Ga aan het werk,
ga iedere dag verkopen & iedere dag winst maken.

Pas je 20 manieren toe,
geef je sales een boost,
een maak veel winst.
Iedere dag van het jaar.

Ik wens je veel succes.

Met vriendelijke groeten,

Jasmin Hajro

Hajro
Ottawastraat 19
7007 BC
 Doetinchem,
the Netherlands
KvK : 65686306

www.hajrobv.nl
amazon.com/author/jasminhajro

P.S. Als je dit een goed boek vindt, zou je dan zo vriendelijk
willen zijn
om het aan te raden bij mensen die je kent.?
Zodat het hun ook vooruit helpt.
Dank je wel.

het Betaal jezelf eerst principe

Het betaal jezelf eerst principe.

Het betekent dat wanneer je jouw geld ontvangt,
je eerst jezelf betaalt door bijvoorbeeld een tiende opzij te
zetten.

Om het resultaat hiervan te verduidelijken,
maken we een voorbeeld berekening.

Je verdient bijvoorbeeld 3000,- euro per maand.
En je betaalt jezelf eerst,
oftewel : je zet een tiende (10%) van je inkomen opzij.
Dus 300,- euro per maand.

Het jaar heeft 12 maanden,
dus na 1 jaar heb je (12 x 300) = 3600,- euro.
Na 1 jaar heb je een heel maand salaris opzij gezet.

Als je iedere maand een tiende opzij zet,
hoeveel heb je dan na 10 jaar ?

(3600 x 10) = 36000,- euro.
Dus na 10 jaar heb je 36000,- euro
oftewel een heel jaar salaris opzij gezet.

Verderop in dit boek : Bouw jouw Fortuin,
ziet u hoe u dat bedrag dat u maandelijks opzij zet.
Harder kunt laten groeien.

Previeuw boek Bouw Jouw Fortuin

<u>10 % van alles</u>

Het is belangrijk dat wanneer je eerst jezelf betaalt,
door 10 % opzij te zetten.
Dat je 10 % van alles opzij zet.

Natuurlijk 10 % van je inkomen.

Maar ook 10 % van de fooi als je die krijgt,
ook 10 % van je toeslagen,
ook 10 % van je cadeaugeld,
ook 10 % van je 13de maand,
ook 10 % van je bonus,
ook 10 % van je loonsverhoging,
ook 10 % van je belasting teruggaaf,
ook 10 % van je welkomstpremie.

Vanuit welke hoek of van wie dan ook je geld ontvangt,
het eerste wat je doet is jezelf eerst betalen.
Door een tiende ervan opzij te zetten.

Einde previeuw

Voor meer informatie over dit boek , ga naar onze verbeterde
website : www.hajrobv.nl

Previeuw boek Moneymaker

Moneymaker 3.

de bijbel voor ondernemers, geschreven door een ondernemer.
Dus jouw dagelijkse kost.

Nee, het gaat niet over GOD.

Er staat, geschreven door een ondernemer.....

JIJ LEEST ALLEEN MAAR BOEKEN DIE GESCHREVEN
ZIJN DOOR MENSEN DIE EEN EIGEN BEDRIJF
HEBBEN !!
Begrijp je dat ?

Zo voorkom je dat je geest voedt met BULLSHIT.
En dat je BULLSHIT gaat modelleren.
Dus bespaar je jezelf tijd en geld.

Ok, dan even over die Ondernemersbijbel.
Het heet No Excuses, the Power of self discipline En is
geschreven door Brian Tracy

En ja die heeft een eigen bedrijf. Anders stond zijn naam hier
Niet.

Het komt toch op zelf discipline neer.
En zelf discipline maakt dat jij je heel erg Goed voelt over
jezelf.

Als je gaat sporten bijvoorbeeld, terwijl de meeste mensen tv aan het kijken zijn.
Als je op zaterdag werkt, terwijl de meeste mensen weekend houden.
Als je op zondag een stap zet richting het bereiken van je doelen.

Bovenstaande 3 voorbeelden, vereisen zelf discipline van jou.

Maar over 1, 3, 5 jaar waar sta jij dan ?

En waar de meeste mensen ?

Wel's een dag gewerkt met pijn omdat je tanden afgebroken waren ?
Wel's gewerkt met 2 uurtjes slaap, de nacht ervoor ?
Wel's gewerkt zonder te hebben geslapen, de nacht ervoor ?

Het was vast makkelijker om toen, tv te gaan kijken.....

Maar dan zou ik nou voor jou een Bullshitter zijn, en niet iemand die je respecteert.

Oh jah, koop de ondernemersbijbel. NU.

Previeuw boek Moneymaker

Moneymaker 2.

Twee dingen waar je dagelijks je tijd aan MOET besteden

Welke 2 zijn dat ?

Tv kijken en op Facebook zitten ?

Zonder BULLSHIT, dus :

SALES & DIRECT MARKETING

Als je iets verkoopt (sales), dan komt er winst binnen.

Als je goed wordt in (direct marketing), dan komt er winst binnen.

Met marketing bespaar je jezelf tijd tijdens het verkopen. Je hoeft tijdens je presentatie niet uit te leggen wie je bent en wat je onderneming doet.

Hoeveel uur per werkdag besteed Jij aan sales ?

Hoeveel uur per werkdag besteed Jij aan Direct Marketing ?

WAT GEBEURT ER ALS JE ALLEEN MAAR JE TIJD BESTEEDT AAN SALES & DIRECT MARKETING ??

Heb je dan meer winst en dus meer geld ?

Einde previeuw

Voor meer info over dit boek van mij, ga naar www.hajrobv.nl

Simpel ?

Zeker, maar je moet het wel even doen,

iedere dag,

totdat je er niet meer over na hoeft te denken,

en je het automatisch gaat doen.

Even wat Geluksingredienten op een rij :

– Kijk iedere dag comedy, minimaal een uur

– Eet ijs, trakteer iemand op een ijsje

– Ga sporten, lekker van je afslaan met tennis of lekker hardlopen

– Pis in de tuin

(en als je een boete krijgt voor wildplassen, dan lach je je helemaal stuk)

- Maak je geen zorgen, het leven is te kort daarvoor

(door bezig te blijven, heb je geen tijd om je zorgen te maken)

- Knuffel mensen waar je van houdt

- Ga gezellig een kopje koffie drinken

- Neem een kat of een ander huisdier

- Als je geld ontvangt, spaar gelijk een deel ervan

Einde previeuw

<u>Previeuw 4, Kleine introductie met oprichting Hajro</u>

Hajro zet zich in voor de mensen in provincie Gelderland,
door mensen aan het werk te houden,
door te doneren aan Goede Doelen,
en door jou te helpen om rijker te leven.

Tegenwoordig is Hajro
een dochteronderneming van Hajro Groep.

De Hajro Groep bestaat uit 20 verschillende ondernemingen,
die allemaal deel uit maken
van 1 overkoepelende organisatie.

We hebben nou verschillende producten & diensten,
en we steunen meer dan 40 Goede Doelen.

Bezoek ons op www.hajrobv.nl

en ontdek wat we nog meer voor jou kunnen betekenen.

De previeuws kon je als Bonus gratis lezen.

Zo weet je beter waar mijn boeken over gaan,
en welke ervan een goede keuze is voor jou.

Hi there…
How are you ?
My name is
Jasmin Hajro, I
am the founder
of establishment
Hajro, &
foundation
Giveth Life. And
the author of 23
books, which are
available (in
Dutch & English)
in 190 countries
worldwide.
Establishment
Hajro specializes
in direct selling
sets of birthday
greetingcards.
We now have self
designed gold
colored Unique
ones.
And donates part of it's proceeds to more than 40
charities in the Netherlands.

What's in it for me ?

First of all ...by buying from Jasmin you also donate to 40 charities...

2nd...His books will help you to enjoy exciting true stories,

help you to improve your sales ...even double them...

help you to make more profits,

help you to write your book or series of books,

help you to get a grip on your money and make it grow

and also Jasmin will help you to reduce stress and live happier.....

My books have strategies and stuff from real life that will also work for you.

To get my newsletter with weird facts & to Get in touch with me go to : **www.jasminhajro.nl**

Victorious series :
book 1,2,3,4,5,6,7,8,9,10
+ bonus book

Jasmin Hajro

the Ultimate Winning Strategy
for entrepreneurs & salespeople
+ Double your profits, extended

Jasmin Hajro

"the number one reason for success
in business is high sales"
-Brian Tracy-

RECIPE FOR
HAPPINESS

JASMIN HAJRO